Liebe Eltern,

wenn es einmal geklappt hat mit dem Saubersein, dann erscheint alles einfach – so, als sei es niemals anders gewesen.
Diesen Schritt zu schaffen, ist allerdings manchmal gar nicht so leicht und erfordert sowohl von dem Kind als auch von den Eltern ein wenig Geduld. Wenn schon das Nachbarskind sauber ist, das doch viel jünger als Ihr eigenes ist, oder wenn die Großeltern bei jedem Besuch vielsagend schauen, wenn noch ein Windelmatz herumläuft, dann ist das mit der Geduld manchmal gar nicht so einfach. Das Ganze kann sich in ein richtiges Problem verwandeln, so dass Sie glauben, Ihr Kind wird sicher niemals sauber werden. Da kann ich Sie jedoch trösten. Nahezu alle Kinder schaffen es, mit vier Jahren aufs Töpfchen zu gehen, sofern nicht eine organische Erkrankung vorliegt.
Machen Sie sich frei von dem Ehrgeiz, Ihr Kind müsse bereits mit zwei oder drei Jahren sauber sein. Je mehr Sie nämlich dieses Ziel vor Augen haben, desto mehr üben Sie Druck auch auf Ihr Kind aus. Womöglich streikt es dadurch erst recht und akzeptiert erst viel später ein Töpfchen, als dies ohne diesen Wunsch vielleicht der Fall gewesen wäre.
Dieses Buch soll Ihnen eine Hilfestellung geben, wie Sie Ihrem Kind durch ein paar Tricks das Sauberwerden etwas „attraktiver“ machen können. Wenn Ihr Kind nach dem Lesen dieses Buches doch noch weiter an seiner Windel hängt, dann betrachten Sie das nicht als Scheitern Ihres Vorhabens. Vielleicht hat es noch nicht die nötige Reife oder vielleicht muss es sich erst eine Weile mit dem Buch beschäftigen, indem Sie es immer wieder vorlesen und erklären.
Wenn der passende Moment für Ihr Kind gekommen ist, wird es vielleicht plötzlich aus heiterem Himmel nach einem Töpfchen verlangen.

Ich wünsche Ihnen und Ihrem Kind viel Spaß beim gemeinsamen Lesen des Buches,

Ihre Dr. Ursula Keicher

Ursula Keicher

Julchen geht aufs Töpfchen

mit Bildern
von
Gisela Dürr

Weltbild

Julchen ist schon ganz schön groß. Bald kommt sie in den Kindergarten. Julchen kann ganz hoch hopsen und bis drei zählen. Nur eine Sache klappt nicht so ganz: Julchen braucht noch eine Windel.

Hier wohnt Julchen

„Julchen“, fragt Mama vorsichtig, „sollen wir mal versuchen, einen Tag ohne Windel zu sein?“
Aber Julchen ist ganz und gar nicht einverstanden. Sie bekommt einen roten Kopf und schreit: „Nein, ich will meine Windel!“ Und dann rennt sie in ihr Zimmer.
„Aber Julchen“, tröstet Mama. „Du musst deine Windel ja nicht hergeben. Ich habe dich doch bloß gefragt.“
Und dann nimmt sie Julchen ganz fest in den Arm.

Am nächsten Morgen muss Mama in die Stadt zum Einkaufen. Julchen darf mit. „Guck mal, Mami“, ruft sie plötzlich. „Da sind ja Entchen drauf.“ Julchen hat in einem Schaufenster ein Töpfchen mit einem Entenbild entdeckt.

„Magst du das Töpfchen haben?“, fragt Mama erstaunt.
„Ja, die Entchen sind so schön“, ruft Julchen.
Mama kauft das Töpfchen im Laden. Julchen darf die Tüte nach Hause tragen.

Am Abend badet Mama Julchen. Das Töpfchen darf mit in die Badewanne. Julchen spielt, dass das Töpfchen ein Boot ist. Ihre kleine gelbe Ente darf darin auf dem Wasser fahren. Das macht riesigen Spaß. Julchen nennt ihr Töpfchen jetzt „Entenboot“.

1m
0,5m
0m
Julchen

„Weißt du was?“, sagt Mama am nächsten Morgen zu Julchen. „Teddy geht seit heute Nacht aufs Entenboot. Er braucht jetzt keine Windeln mehr, schau mal.“
Mama setzt Julchens kleinen Teddy auf das Töpfchen und macht „psss, psss, psss“. Julchen ist begeistert.

Wenn Julchen jetzt merkt, dass ihre Windel voll ist, ruft sie: „Teddy muss aufs Entenboot!“

Mama ist sehr stolz auf sie. Immer wenn sie Julchen die Windel wechselt, sitzt Teddy daneben auf dem Töpfchen.

Mama bekommt Besuch von einer Freundin und ihrem Sohn Flori. Flori braucht keine Windeln mehr. Julchen staunt, wie schnell er immer zu seinem Töpfchen rennt. Bei ihm ist ein kleiner Bär drauf. Julchen stellt ihr Entenboot neben das Bärentöpfchen. Immer wenn Flori sich auf sein Töpfchen setzt, setzt Julchen sich auf ihr Entenboot. Auch Teddy sitzt daneben. Julchen hat ihm einen kleinen Karton als Töpfchen hingestellt.

Flori und Julchen bauen große Türme aus Bauklötzen und schauen zusammen bunte Bilderbücher an. Die beiden sitzen gerne auf ihren Töpfchen – manchmal so lange, bis sie ganz rote Ringe am Po bekommen. Flori steht auf, wenn etwas in seinem Töpfchen drin ist. Julchen steht auch auf. Ihr Entenboot ist leer.

Nach ein paar Tagen fährt Flori wieder nach Hause. Julchen ist traurig. Ohne Flori mag sie auch nicht mehr aufs Entenboot.
„Das ist langweilig“, jammert sie.
Da hat Mama eine Idee. „Weißt du was, Julchen? Du bekommst einen Malblock von mir. Jedes Mal, wenn du auf dein Entenboot gehst, malst du eine Seite und ich lese dir dazu eine kleine Geschichte vor.“
Julchen rennt sofort zu ihrem Töpfchen. Malen und gleichzeitig Vorlesen – das findet sie prima.

Eines Morgens kommt Julchen ganz aufgeregt zu Mama gelaufen.
„Mama! Mama! Es ist Pipi im Entenboot!“
Mama und Julchen freuen sich riesig. Julchen macht sofort ihre Windel ab und trägt sie stolz zum Mülleimer.

Nachmittags kommt Julchen weinend zu Mama gelaufen. „Meine Hose ist ganz nass“, schluchzt sie unglücklich. „Das ist nicht schlimm“, tröstet Mama. „Teddy ist heute dasselbe passiert. Am Anfang passiert das halt manchmal. Am besten ziehen Teddy und du noch mal zur Sicherheit eure Windeln an. Das ist dann ein bisschen wie ein Regenschirm, den man dabeihat – nur für den Fall, dass es mal regnen sollte. Sollen wir auf deine Windel einen Regenschirm malen?“
Und ob Julchen das will – und Teddy natürlich auch.

In den nächsten Tagen geht immer seltener etwas in die Windel. Julchen rennt immer ganz schnell zu ihrem Entenboot, wenn sie merkt, dass etwas kommt.

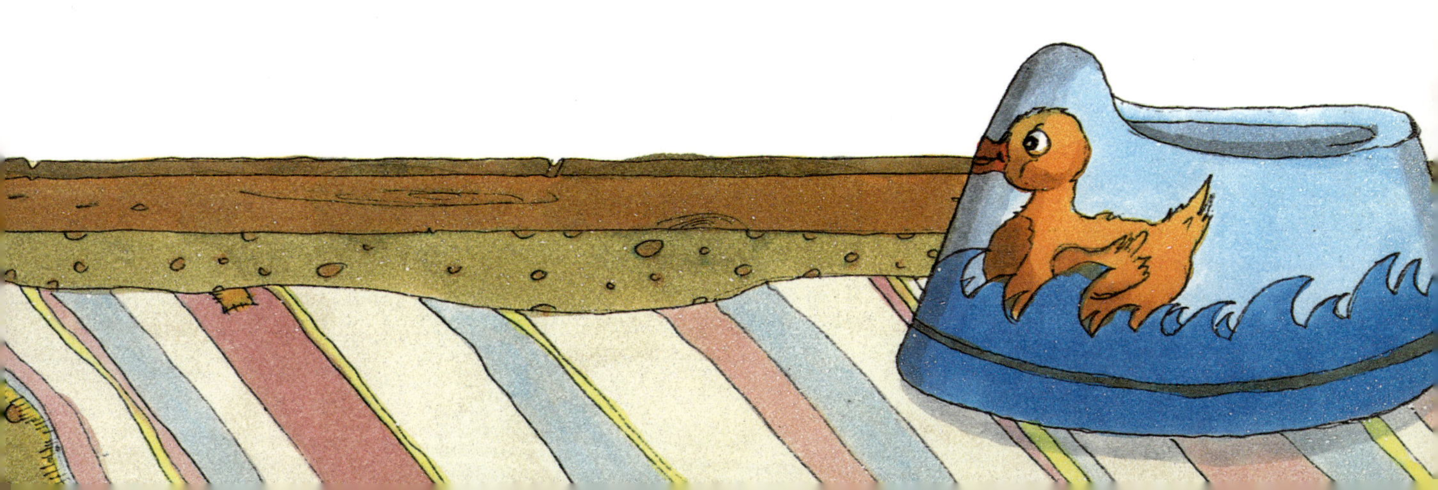

Mama hat in der Küche ein Blatt aufgehängt, auf das sie jedes Mal ein lachendes Gesicht malt, wenn Julchen wieder etwas ins Töpfchen gemacht hat. Jeden Tag lachen ein paar Gesichter mehr. Julchen ist ganz stolz. Nach einigen Wochen bleibt Julchens Windel trocken.
„Ich glaube, dass wir den Regenschirm jetzt wegpacken können", lacht Mama. Julchen lacht auch.

Mama und Julchen kaufen in der Stadt ein paar lustige bunte Unterhosen mit Entchen drauf. Julchen zieht sie gleich zu Hause an. Plötzlich fällt ihr ein, dass Teddy ja jetzt auch keine Windel mehr braucht: „Teddy mag bestimmt auch eine Unterhose."
„Aber natürlich", ruft Mama. „Das habe ich ja glatt vergessen."
Sofort kauft sie eine passende Unterhose für Teddy mit einem kleinen Bärchen drauf. Und dann gibt's Julchens Lieblingsessen: Spagetti mit Tomatensoße.

Genehmigte Lizenzausgabe für Verlagsgruppe Weltbild GmbH,
Steinerne Furt, 86167 Augsburg
Julchen geht aufs Töpfchen
Von Ursula Keicher und Gisela Dürr

Gesamtherstellung: Firmengruppe APPL, aprinta druck, 86650 Wemding

2011 2010 2009
Die letzte Jahreszahl gibt die aktuelle Lizenzausgabe an.

Printed in the EU

ISBN 978-3-8289-6157-9

Einkaufen im Internet: *www.weltbild.de*